Castrop-Rauxel

Fotos von Klaus Michael Lehmann und Stefan Braun
Text von Elke Eßmann

Titel: Der Rennreiterbrunnen auf dem Castroper Markt.

Front cover: Racing Jockey fountain in Castrop's marketplace.

Première page de couverture: La fontaine aux jockeys sur le marché de Castrop.

Frontispiz: Der Förderturm der Zeche Erin, Schacht 7.

Frontispiece: Pithead tower at Erin colliery, Shaft 7.

Frontispice: Le chevalement du puits de la mine d'Erin, fosse 7.

Rückseite: Der entstehende Gewerbe- und Landschaftspark am Förderturm Erin.

Back cover: The enterprise and landscape park being created around the Erin pithead tower.

Dernière page de couverture: Parc paysager et industriel du chevalement d'Erin, en cours de réalisation.

1. Auflage Oktober 1995
Herausgegeben von Manfred van Fondern
und Elke Eßmann
Lektorat: Petra Frese
Satz und Lithographie: Digiprint, Erfurt
Druck und Bindung: Sebald Sachsendruck, Plauen
© Klartext Verlag, Essen 1995
Alle Rechte vorbehalten
ISBN 3-88474-297-3

Vorwort

Der Wunsch, einen Bildband für die Bürger unserer Stadt und ihre Gäste zu erarbeiten, entstand schon vor einigen Jahren. Es fehlte lediglich ein kompetenter und finanzkräftiger Mitstreiter, und er sollte möglichst aus Castrop-Rauxel kommen.

Groß war die Freude, als mit Manfred van Fondern 1993 ein neuer und engagierter Buchhändler nach Castrop-Rauxel kam und uns um eine Zusammenarbeit für dieses Buch bat. In seiner „Buchhandlung am Castroper Markt" hatte er schon bald nach der Eröffnung bei der Leserschaft den Bedarf für ein Buch über die Stadt herausgehört. Sein großzügiges finanzielles Engagement machte das Erscheinen des Buches erst möglich. Als Textautorin konnten wir die Dortmunder Journalistin Elke Eßmann gewinnen.

Unser aller Bestreben war es, die Eigenarten und Besonderheiten, das Unverwechselbare der Stadt mit ihren 14 Ortsteilen in Wort und Bild vorzustellen. Zwei Jahre lang haben Stefan Braun und ich Castrop-Rauxel durch das Objektiv betrachtet und unsere Beobachtungen festgehalten. Ergänzt werden die aktuellen Stadtansichten durch historische Fotografien und Dokumente aus der Geschichte der Stadt.

Ich bin sicher, daß die Lektüre dieses Bandes Freude macht und dazu anregt, die interessanten Orte vielleicht selbst einmal aufzusuchen und an der lebhaften Entwicklung unserer liebenswerten Stadt teilzunehmen.

Castrop-Rauxel, im September 1995

Klaus Michael Lehmann

Spurensuche
Annäherung an eine Revierstadt

Auf den ersten Blick unterscheidet sich Castrop-Rauxel am nördlichen Rand des Reviers nicht wesentlich von den angrenzenden Städten und ist noch dazu kleiner und weniger bedeutend als Dortmund im Osten und Süden, Bochum im Westen und Recklinghausen im Norden. Diese Stadt macht es ihren Besuchern nicht leicht. Sie ist keine Schönheit, wirkt eher unscheinbar und entspricht den Vorstellungen von einer typischen Ruhrgebietsstadt. Doch wer mit offenen Augen durch die Stadt geht, wird schnell merken: Die Vergangenheit hat auch hier unverwechselbare Zeichen gesetzt. Einmal aufmerksam geworden, findet man viele Spuren des Alten neben Neuem: Die stuckverzierten Gründerzeitfassaden am Marktplatz, das Rennreiterdenkmal und die Lambertuskirche erzählen Geschichten von der Entwicklung Castrop-Rauxels. Daneben setzt moderne Architektur mit einer glasüberdachten Ladenpassage reizvolle Akzente oder bietet mit den Wohnbauten an der Oberen Münsterstraße zeitgemäße Perspektiven. Auch der Emscherschnellweg, der rücksichtslos und vierspurig mitten durch das Stadtgebiet führt, ist ein Symbol für die moderne Zeit.

Wie viele Städte des Ruhrgebiets ist Castrop-Rauxel erst mit dem Bergbau groß geworden. Vor der Industrialisierung ging es hier weitgehend dörflich zu, Landwirtschaft diente als Lebensgrundlage. Innerhalb weniger Jahrzehnte entstand aus bescheidenen Ursprüngen eine Zechen- und Arbeiterstadt. Doch auch das ist längst Vergangenheit, vorbei die Zeiten, als die Bergarbeiter mit dem Henkelmann zur Schicht gingen und die Zechensirenen den Lebensrhythmus bestimmten.

Das heutige Stadtbild spiegelt den Übergang vom Ackerbürgerstädtchen zum zeitgemäßen Dienstleistungs- und Industriestandort wider, in dem Gewerbeparks in Zukunft für neue Unternehmensansiedlungen sorgen sollen. Ein hochmodernes Rathaus gehört ebenso dazu wie ein mittelalterliches Schloß, aber auch liebevoll gepflegte Fachwerkhäuser und einige Bauernhöfe bereichern das Stadtbild. Die Zeugnisse der erst jüngst zu Ende gegangenen Bergbauvergangenheit sind natürlich besonders reichlich vorhanden: Das markanteste Beispiel, der Förderturm der Zeche Erin, steht inzwischen unter Denkmalschutz und gehört zu den Wahrzeichen der Stadt. Auch ruhrgebietstypische Atmosphäre läßt sich im Schatten des übergroßen VEBA-Kühlturmes in manchem Stadtteil zwischen Zechenhäusern und der Kneipe an der Ecke erspüren.

Was zunächst auffällt, sind die großen Entfernungen innerhalb der Stadt. Von Henrichenburg, dem nördlichsten Stadtteil, bis nach Merklinde im Süden sind es 11,8 Kilometer und von Pöppinghausen im Westen nach Schwerin im Osten 9,3 Kilometer. Insgesamt, so belegt die Statistik, leben rund 82 000 Einwohner auf einer Stadtfläche von ca. 50 Quadratkilometern. Da verwundert es nicht, daß zwei Drittel dieser Fläche grün sind. Verträumte Wanderwege im Grutholz, ein gepflegter Stadtgarten und eine herrlich wilde Landschaft rund um den Beerenbruch-See – auch das sind Aspekte von Castrop-Rauxel, die der Stadt den Beinamen „Industriestadt im Grünen" eingetragen haben.

Bei einem Blick auf den Stadtplan erscheint das Bild der Stadt Castrop-Rauxel verschwommen, denn mit der stattlichen Anzahl von 14 Stadtteilen ist sie sehr weit auseinandergezogen und verfügt über keinen gewachsenen Mittelpunkt. Dergleichen Eigenarten lassen sich durch die Entstehungsgeschichte der Stadt wenn

*Modell Castrops aus
vorindustrieller Zeit.*

*A model of Castrop from
pre-industrial times.*

*Maquette de Castrop à
l'époque pré-industielle.*

nicht erklären, so doch zumindest begründen. Erst 1902, als das schnelle Anwachsen der Siedlungen infolge der Industrialisierung eine kommunale Umgliederung nötig machte, löste man das alte Amt Castrop auf. Die Titularstadt Castrop erhielt mit den beiden Landgemeinden Behringhausen und Obercastrop Stadtrechte, und die Gemeinden Rauxel, Habinghorst, Frohlinde, Merklinde und Bövinghausen wurden zum Amt Rauxel vereinigt. Doch auch diese Lösung erwies sich bald als unzureichend, und so entstand erst 1926 die eigentliche Stadt Castrop-Rauxel durch Zusammenlegung von Castrop mit dem Amt Rauxel und den Gemeinden Ickern, Deininghausen, Bladenhorst und Dingen. Daß es sich dabei eher um eine Vernunftehe als um eine Liebesheirat handelte, wird aus der Namengebung deutlich. Weder die Castroper noch die Rauxeler wollten auf ihren Namen verzichten, und so mußte ein Doppelname mit Bindestrich Abhilfe schaffen. 1975 wurde dann bei einer weiteren Gebietsreform Henrichenburg als Stadtteil eingegliedert.

Noch heute ist zu sehen und zu spüren, daß sich Castrop-Rauxel aus vielen einzelnen Stadtteilen zusammensetzt, die erst langsam zu einer gemeinsamen Identität gefunden haben. Vielleicht mag es auch an dem ungewöhnlichen, schwer auszusprechenden Namen liegen, daß sich die Einwohner bei der Frage nach ihrer Herkunft gerne auf ihren Stadtteil beziehen. Ickerner sind sie, Rauxeler oder Castroper. „Ich wohne auf Schwerin", könnte die Antwort auf die Frage nach dem Wohnort auch lauten. Fragt man die Bewohner nach dem Stadtkern, wird man auf die Altstadt und das Geschäftszentrum in Castrop verwiesen. Hier bilden Markt und Fußgängerzone einen städtischen Mittelpunkt. Den Geschäftsstraßen in den bevölkerungsreichen Stadtteilen Ickern und Habinghorst fehlt der städtische Charakter, sie sind nur für den eigenen Stadtteil von Bedeutung.

Das Fehlen eines gemeinsamen Mittelpunktes führt zu teilweise kuriosen Gegebenheiten: Zwar liegt das eigentliche Stadtzentrum in der Castroper Altstadt, der Hauptbahnhof mit Bahnanschluß nach Dortmund oder Köln jedoch befindet sich in Rauxel. Im geographischen Mittelpunkt aller Stadtteile wurde daher in den siebziger Jahren das Rathaus erbaut. Zu diesem Stadtmittelpunkt gehören auch das evangelische Krankenhaus und das Hallenbad. Die Hoffnung der Planer, daß sich mit dem Bau des Rathauses ein neues Zentrum der Stadt bildet, hat sich nicht erfüllt. Und so steht das Rathaus bis heute ohne sinnvolle städtebauliche Anbindung „auf der grünen Wiese", dafür aber verkehrsgünstig an einer Autobahnabfahrt.

Nur wenige Zeitzeugnisse verweisen auf die Geschichte der Stadt vor Beginn der Industrialisierung. Wer sich auf die Spurensuche nach der älteren Geschichte macht, wird wiederum zunächst nach Castrop verwiesen. Als geschichtlicher Kern der Stadt blickt der älteste Stadtteil auf eine über 1100jährige Geschichte zurück. Anno 834 war es, als Bischof Gerfrid von Münster, Verwalter der Abtei Werden, von Frithuard aus Heisingen eine „villa castorp" im Tausch gegen anderen Landbesitz erwarb. Die Urkunde, die diesen Tauschhandel bezeugt, ist der früheste schriftliche Nachweis für die Existenz Castrops, wobei unter „villa" eine bäuerliche Kleinsiedlung mit einzelnen Gehöften zu verstehen ist. Gelegen am Hellweg, einer wichtigen Heeres- und Handelsstraße jener Zeit, entstand die Siedlung, in Anlehnung an einen karolingischen Reichshof, als militärischer Stützpunkt im Sachsenkrieg. Schon seit dem 8. Jahrhundert gründeten sich im Zuge der Christianisierung erste Pfarreien. Man vermutet, daß der Ursprung der Lambertuskirche bis in das 10. Jahrhundert zurückreicht, denn zu jener Zeit war der Heilige Lambertus ein hochverehrter Kirchenpatron. Als die Grafen von Kleve um die Mitte des 13. Jahrhunderts Herrscher der Reichsvogtei und des Gerichts – so bezeichnete sich der weltliche Verwaltungsbezirk – Castrop wurden, bauten sie an die Stelle der frühmittelalterlichen eine spätromanische Lambertuskirche. Mit ihrem Langhaus, Chor und nördlichem Seitenschiff, die in den Kirchenneubau von 1889 mit einbezogen wurden, ist die Kirche heute das älteste Baudenkmal der Stadt. Eine weitere spätmittelalterliche Kirche blieb im Stadtteil Henrichenburg erhalten, der Chor trägt die Jahreszahl 1463; sie dient heute als Jugendheim.

Ab 1470 durfte sich Castrop „Freiheit Castrop" nennen und erhielt einige Privilegien. Dazu gehörte auch das wichtige Recht, zweimal im Jahr einen Markt abhalten zu dürfen, das mit den Kaufleuten und ihren Waren auch Geld in die kleine Landgemeinde brachte. Noch heute lebt dieses Privileg aus dem 15. Jahrhundert im traditionellen Jahrmarkt, der Castroper Kirmes, weiter.

Seit dem 12. und 13. Jahrhundert sind auch die umliegenden Bauerschaften Rauxel, Deininghausen, Habinghorst, Henrichenburg, Behringhausen, Dingen, Frohlinde, Ickern, Merklinde und Pöppinghausen, die heute Stadtteile bilden, urkundlich nachgewiesen.

Von zahlreichen alten Adelssitzen im Gebiet der Stadtgemeinde haben leider nur zwei Häuser die kriegerischen Wirren der letzten Jahrhunderte überdauert: Schloß Bladenhorst und Haus Goldschmieding. Außerdem blieb vom Burghaus des Ritters Dietrich von Vörde das Wohnstallhaus Vörde erhalten, ein ehemaliges, früher von Wasser umgebenes Brauhaus. Haus Ickern, im 19. Jahrhundert der Wohnsitz des ersten Oberpräsidenten von Westfalen, Freiherr Ludwig von Vincke, wurde im August 1944 durch Bomben zerstört. Geblieben sind nur ein klassizistischer Torpfeiler und ein ehemaliges Mühlengebäude der

Vorburg. Die Burg Castrop, Mittelpunkt des Reichshofes und politisch bedeutendstes Bauwerk, wurde schon 1905 abgebrochen.

Schloß Bladenhorst trägt wie der Stadtteil den Namen des 1266 erstmals bezeugten Rittergeschlechtes Bladenhorst. Allerdings entstand die heutige Anlage, die sich seit 1926 im Besitz der Klöckner-Werke befindet, erst im Laufe des 16. Jahrhunderts, als Bladenhorst der Familie von Viermundt gehörte. Drei der ehemals vier Flügel der Anlage sind erhalten. Umgeben von einer Gräfte und reizvoll im Grünen gelegen, hat das Schloß mit seinem halbrund angelegten Torhaus bis heute seinen wehrhaften Charakter bewahrt. Als einmalig unter den westfälischen Schlössern gilt es wegen des umlaufenden Kachelfrieses, der als Mauerzierrat angebracht ist, und der sogenannten Bärmauern, die wie kleine Brücken die Gräfte überspannen. Ein fünfstufiger Treppengiebel mit Halbradaufsätzen weist das Schloß als Renaissancegebäude aus.

Neben der Burg Castrop und Schloß Bladenhorst war auch Haus Goldschmieding – ursprünglich ebenfalls als Wasserburg angelegt – ein adliges Haus von Bedeutung. Es war Sitz der 1275 erstmals urkundlich erwähnten Adelsfamilie. Das heute erhaltene Herrenhaus ist Teil einer größeren Anlage, die zwischen 1583 und 1597 von dem damaligen Besitzer Johann von Schell zu Rechen erbaut wurde. In dem geschichtsträchtigen Gemäuer läßt sich heutzutage wahr-

haft „fürstlich" speisen: Der Adelssitz beherbergt ein anerkanntes, prämiertes Gourmet-Restaurant. Glanzstück seiner Ausstattung ist der Renaissance-Kamin im Festsaal, der mit einer Fülle kunstvoller Reliefarbeiten versehen ist.

Auf vielfältige Weise ist die Geschichte der Adelshäuser und ihrer Besitzer mit dem Werden der Stadt verbunden. Von ihnen gingen im 16. und 17. Jahrhundert wichtige Impulse für die Durchsetzung des evangelischen Glaubens in Castrop aus. Philipp von Viermundt, seinerzeit Herr auf Schloß Bladenhorst, geriet gar in Konflikt mit Kaiser Karl V., als er im Jahre 1567 die (nicht erhaltene) Schloßkapelle für den lutherischen Gottesdienst öffnete. Der Kaiser witterte Verrat an der katholischen Sache und verhängte ein Bußgeld. Der Sohn, Philipp Arnold von Viermundt, und das Geschlecht von Schell, damals Besitzer von Haus Goldschmieding, wurden zu Begründern der lutherischen Gemeinde in Castrop, die 1702 ein eigenes Gotteshaus erhielt. An Philipp von Viermundt erinnert noch heute der vom Dortmunder Künstler Jörg Poett geschaffene, wertvolle Grabstein, der in der heutigen Lutherkirche aufbewahrt wird. Das neugotische Gotteshaus wurde 1881 anstelle der alten Kirche errichtet.

Von der Mitte des 19. Jahrhunderts an endete die Castroper Welt nicht mehr hinter den Stadttoren. Bereits seit 1847 führte die erste Bahnstrecke in Westfalen, die Köln-Mindener-Eisenbahn, auch zum Bahnhof Castrop, dem späteren Bahnhof Rauxel.

Aus jener Zeit stammt die heute kaum mehr bekannte Redewendung von den Castroper Husaren. Doch weil die Geschichte so unverwechselbar und originell ist, soll sie hier noch einmal erzählt werden: Als nämlich Anno 1842 der Preußenkönig Friedrich IV. in Dortmund zu Besuch war, dachten sich die Castroper Bürger etwas ganz Besonderes aus, um dem König zu huldigen. Sie schickten eine Abordnung lanzenbewehrter Reiter in westfälischer Bauerntracht in die Nachbarstadt. Dort traten die Castroper wie ein rechtes Regiment auf und wurden vom König auch entsprechend wohlwollend empfangen. Von da an blieb die bürgerwehrähnliche Abordnung ein volles Jahrhundert lang an Rhein und Ruhr in dem geflügelten Wort von den Castroper Husaren lebendig, das für all jene galt, die nicht Soldat gewesen waren: „Er hat bei den Castropern gedient", hieß es dann beispielsweise, auch wenn der Betreffende vielleicht gar nicht aus Castrop stammte.

Mit Siebenmeilenschritten trat Castrop jetzt in die neue Zeit ein, die innerhalb weniger Jahrzehnte aus den ländlichen Gemeinden an der Emscher die Bergbau- und Industriestadt Castrop-Rauxel entstehen ließ. Die Entwicklung begann 1867 mit der Gründung der Zeche Erin in der Innenstadt. Ihren eigenartigen Namen verdankte die Zeche ihrem Begründer William Thomas Mulvany. Der gebürtige Ire benannte die Schachtanlage mit der keltischen Bezeichnung für seine Heimat, die „grüne Insel". Nach

dem Abteufen der Schächte I und II nahm Erin 1867 den Betrieb auf, damals eine technische Meisterleistung und mit großem unternehmerischen Risiko verbunden. Die Förderung begann vielversprechend, zumal die vorgefundenen Fettkohlenflöze eine hohe Qualität aufwiesen. Mehrfache Wassereinbrüche nach 1872 machten jedoch schon 1877 eine Stillegung notwendig. Arbeitslosigkeit und der Konkurs der von Mulvany gegründeten Preußischen Bergwerks- und Hütten-AG waren die konkreten Folgen der vorübergehenden Zechenschließung. 1882 erwarb Friedrich Grillo die Zeche Erin. Man erzählt sich, daß die Castroper drei Tage und drei Nächte feierten, als die Förderung auf der Zeche 1884 nach erfolgreicher Sümpfung endlich wieder beginnen konnte.

Vier weitere Zechengründungen folgten: 1872 kamen die Zeche Graf Schwerin im Süden der heutigen Stadt und die Schächte 1/2 der Zeche Victor im Norden hinzu. Um die Jahrhundertwende entstanden die Schächte Victor 3/4 und um 1910 die Zeche Ickern 1/2. Gleichzeitig siedelten sich chemische Betriebe an, die die bei der Kokserzeugung anfallenden Nebenprodukte verarbeiteten: die Rütgerswerke AG 1899, 1913 ein Werk der Gesellschaft für Teerverwertung mit Hauptsitz in Duisburg und 1926 die Gewerkschaft Victor, Chemische Werke. Auch neue Verkehrswege für den Abtransport der Kohle wurden erschlossen. Mit Inbetriebnahme der Emschertalbahn erhielt die Altstadt in Castrop 1878 eine eigene Bahnstation, alle Schachtanlagen wurden mit dem Netz der Reichsbahn verbunden.

Die Wasserstraßen wurden ebenfalls den Bedürfnissen der neuen Zeit angepaßt: Als der Bau des Dortmund-Ems-Kanals beendet war, ließ es sich Kaiser Wilhelm II. nicht nehmen, die neue Wasserstraße persönlich dem Verkehr zu übergeben: Am 11. August 1899 kam er frühmorgens am Bahnhof von Rauxel an, fuhr dann mit einer Kutsche zur Eröffnung des neuen Schiffshebewerks Henrichenburg und von dort mit dem Salondampfer bis Dortmund, wo die feierliche Einweihung des Hafens stattfand. 1908 wurde schließlich mit dem Rhein-Herne-Kanal, als Verbindung zwischen dem Dortmund-Ems-Kanal und dem Rhein bei Duisburg, ein weiterer wichtiger Wassertransportweg fertiggestellt.

Worte wie Strukturwandel oder industrielle Revolution können nur unzureichend die Entwicklung beschreiben, die das beschauliche Leben der Castroper Bevölkerung und das Bild ihrer ländlichen Heimat binnen einer Generation in drastischer Weise veränderte – wie drastisch, das mögen diese Zahlen verdeutlichen: Um 1850, vor Beginn der Zechengründungen, lebten etwa 4000 Menschen in Castrop, 1926 waren es 53 000 (!). Schon 1876 beschäftigte allein die Zeche Erin mehr als 1000 Bergleute. Bis in die sechziger Jahre dieses Jahrhunderts hielt der Aufwärtstrend an: 1966 hatte die Einwohnerzahl mit über 85 000 einen

William Thomas Mulvany (1806–1885).

9

Die Handwerker der
Zeche Erin 1913.

Craftsmen at Erin col-
liery, 1913.

Les ouvriers de la mine
d'Erin en 1913.

Höchststand erreicht. Zu jener Zeit arbeiteten 18 000 Menschen im Bergbau.

Die Förderung des „schwarzen Goldes" war zur Lebensader der jungen Stadt geworden. Steinkohlenbergbau und chemische Industrie beherrschten das Stadtbild und formten sein Gesicht. Zeichen einer Zeitenwende: Die Landschaft wurde bedingungslos den Bedürfnissen der Industrie geopfert, 1912 bekam die Emscher, die bis dahin in vielen Windungen durch Ickern floß, ein Betonbett.

Die meisten Gebäude und Produktionsanlagen der Zechen sind inzwischen längst wieder abgerissen, die Schächte verfüllt. Von den fünf Zechen auf Castrop-Rauxeler Stadtgebiet sind lediglich zwei Fördertürme als Wahrzeichen und Industriedenkmale erhalten und

restauriert worden: Der eine, ein deutsches Strebengerüst von 1954, steht in direkter Nachbarschaft zur Altstadt, der andere, ein Hammerkopfturm von 1929, im Stadtteil Schwerin. Beide gehörten zur Zeche Erin, die von 1867 bis 1983 als erste und letzte Schachtanlage in Castrop-Rauxel in Betrieb war und daher mit der Geschichte der Stadt besonders eng verbunden ist.

Im Zuge dieser hektischen industriellen Entwicklung stieg der Bedarf an Arbeitskräften für den Bergbau so immens, daß er schon bald nicht mehr nur aus Westfalen und dem Rheinland zu decken war. Gleichzeitig sahen sich die Bergwerksgesellschaften gezwungen, Wohnraum für die zuwandernden Arbeiter zu schaffen. In unmittelbarer Nachbarschaft der Zechen entstanden die für die bauliche Entwicklung Castrop-Rauxels bedeutsamen Zechensiedlungen, die im Ruhrgebiet „Kolonien" genannt wurden. Die Schaffung von Wohnraum in den nördlichen Gemeinden von Castrop erhielt hierbei besonderes Gewicht, da sie fast ausschließlich von den Zechengesellschaften übernommen wurde: Die „Kolonien" in Habinghorst und Ickern gehören zu den größten Werksiedlungen im Ruhrgebiet.

Bekannt geworden ist in diesem Zusammenhang der sogenannte „Masurenaufruf" von 1876, in dem die Zeche Victor in Rauxel mit der Aussicht auf gute Wohnmöglichkeiten Arbeitskräfte aus dem Osten anwerben ließ. Uns Heutigen erscheint die Beschreibung der Stadt darin fast amüsant, denn es heißt zu Beginn: „Masuren! In rein ländlicher Gegend, umgeben von Feldern, Wiesen und Wäldern, den Vorbedingungen guter Luft, liegt, ganz wie ein masurisches Dorf, abseits vom großen Getriebe des westfälischen Industriegebietes, eine reizende, ganz neu erbaute Kolonie der Zeche Victor in Rauxel." Tatsächlich waren die Wohnbedingungen in den Zechensiedlungen für damalige Verhältnisse recht komfortabel. Die Zechenhäuser waren in der Regel zweigeschossig. Jede Familie hatte einen eigenen Eingang, und zu den Wohnungen gehörten Garten und Ställe. So konnten die Bewohner ihren Bedarf an frischen

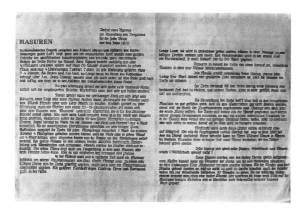

Lebensmitteln aus dem Garten decken und Kleinviehhaltung betreiben.

Wirkten die ersten Kolonien, die die Zeche Victor in Habinghorst und Rauxel Ende des 19. Jahrhunderts errichten ließ, noch sehr gleichförmig und eintönig, so gab es in Ickern um 1920 sichtbare Bestrebungen, den Wohnsiedlungen nach dem Gartenstadtideal ein freundlicheres und reizvolleres Aussehen zu geben. Die Siedlung in Ickern-Mitte zeigt lebendig gestaltete Haustypen, die das Siedlungsbild aufgelockert erscheinen lassen und dem ländlichen Charakter der Umgebung entsprechen. Bei der behutsamen Sanierung der Zechenhäuser zwischen Lange Straße und Recklinghauser Straße wurde die herbe, eigenwillige Schönheit dieser Siedlung bewahrt und ihre Geschlossenheit durch eine abgestimmte Farbgebung betont. Andere um die Jahrhundertwende erbaute Zechensiedlungen stehen inzwischen unter Denkmalschutz, so in der Pestalozzistraße im Stadtteil Schwerin oder der Breckenwinkel in Obercastrop. Auch die Stahlhaussiedlung in Habinghorst soll unter Denkmalschutz gestellt werden.

Daß die Lebensbedingungen in den neu entstandenen Siedlungen nicht einfach waren, ist leicht nachzuvollziehen. Die Arbeit unter Tage, noch dazu im Schichtbetrieb, war hart, und das Miteinander von Einheimischen und Zugewanderten von Vorurteilen geprägt, die sich nur schwer überwinden ließen. So rückten die Zugewanderten zunächst enger zusammen, es entstanden landsmannschaftliche Vereine der Polen, Elsässer, Schlesier und Ostpreußen. Nur langsam entwickelte man Gemeinsamkeiten, wurden aus den „Pollacken", wie man sie oft abfällig nannte, Nachbarn und Freunde: Blumenzucht und Taubenhaltung waren typische Freizeitbeschäftigungen, auch die Gasthäuser förderten die gemeinsame Geselligkeit. Einen Eindruck vom Leben in den „Kolonien" mag vielleicht folgender Bericht eines Ickerners geben: „In den zwanziger Jahren waren die Gasthäuser an Zahltagen immer brechend voll. Ging man abends durch die Kolonien, hörte man hier und da eine Ziehharmonika oder Mandolinen- und Gitarrenmusik. Die Bergleute hatten in ihren Ställen Ziegen, Schweine, Kaninchen, Hühner und auf den Dachböden ihre Tauben. Es war ein Wetteifern unter ihnen, wer wohl den besten Schlag oder Stall hatte."

Langsam entwickelte sich auch die Infrastruktur in den nördlichen Stadtteilen. Es gab zunächst weder ein Verwaltungszentrum noch Einzelhandel, keine Schulen, Gemeindehäuser oder Gaststätten. Der Bergbau mußte hier auch die öffentlichen Aufgaben übernehmen. Selbst Sportplätze, Kindergärten und ein Gesundheitshaus ließen die Zechengesellschaften bauen. Einen markanten städtebaulichen Akzent erhielt der Stadtteil Ickern, als 1922 bis 1925 nach Plänen des bekannten Essener Architekten Alfred Fischer die expressionistische Kirche St. Antonius entstand.

Im Süden der Stadt Castrop-Rauxel nahm die Entwicklung den historischen Traditionen entsprechend einen ganz anderen Verlauf. Im Zuge des einsetzenden Verstädterungsprozesses entwickelte sich hier eine städtische Infrastruktur: Schon 1873 erhielt Castrop gasbetriebene Straßenbeleuchtung, 1875 wurde die erste Castroper Zeitung gegründet und die erste Sparkasse eröffnet, 1897 nahm

Das Amtshaus Rauxel kurz vor seiner Fertigstellung 1904.

Rauxel Town Hall shortly before its completion in 1904.

La mairie de Rauxel peu avant l'achèvement des travaux en 1904.

Die Familie des Zechengründers Mulvany vor Haus Goldschmieding 1891.

Colliery-founder William Mulvany and his family in front of Haus Goldschmieding, 1891.

La famille du fondateur des mines, Mulvany, devant la maison „Goldschmieding" en 1891.

das Amtsgericht seine Tätigkeit auf. 1884 und 1885 entstanden die beiden höheren Schulen für Knaben und Mädchen, 1887 und 1892 das katholische und das evangelische Krankenhaus. 1902 wurde das Amt Castrop aufgeteilt. Während Castrop Stadtrechte erhielt, blieb Rauxel weiterhin Amt. Die Rauxeler blickten nun neidvoll nach Castrop, weil sich dort das städtische Leben abspielte. Dafür besaß Rauxel mit vier Zechen auf seinem Verwaltungsgebiet die weitaus größere Wirtschaftskraft und konnte sich den Bau eines neuen Amtshauses leisten. Angeblich, und vielleicht stimmt die Geschichte ja, errichteten die Rauxeler das repräsentative Gebäude, das heute als Stadtbibliothek dient, absichtlich nahe an der Amtsgrenze zu Castrop, um den Nachbarn ihren wirtschaftlichen Reichtum zu demonstrieren.

Die Castroper hingegen gestalteten ihren Marktplatz: Mit seinen zwischen 1904 und 1912 entstandenen Natursteinfassaden im historisierenden Stil ist der Marktplatz in der Altstadt noch heute sichtbarer Ausdruck bürgerlichen Selbstbewußtseins. Schon 1889/90 entstand der Neubau der Lambertuskirche in der Castroper Altstadt. Eine neue und größere Kirche war angesichts des Bevölkerungszuwachses notwendig geworden. Dombaumeister Arnold Güldenpfennig fand eine glückliche Lösung. Zwar ließ er Westturm und südliches Seitenschiff abreißen, Mittel- und Nordschiff der älteren Kirche bezog er jedoch in den neugotischen Kirchenneubau ein, dessen Turm heute das Stadtbild maßgeblich prägt. Ein anderes Gebäude aus jener Zeit ist das Bergbeamtenhaus, das 1902 vom Gelsenkirchener Bergwerksverein errichtet wurde. Kürzlich restauriert, kann das formenreich gestaltete Haus an der Bodelschwingher Straße als ein schönes Beispiel für den gehobenen Typus des Zechenwohnhauses gelten.

Auch das kulturelle Leben hatte in Castrop eine andere Qualität als im Norden der heutigen Stadt. Zu den großen gesellschaftlichen Ereignissen gehörten die Pferderennen, die der Zechengründer und Ire William Thomas Mulvany seit 1875 direkt vor seinem Wohnsitz Haus Goldschmieding auf der damals größten Naturhindernisrennbahn in Deutschland veranstaltete. Als die Castroper 1912 feierlich das Rennreiterdenkmal – bis heute das einzige seiner Art – auf dem Marktplatz einweihten, fanden die Castroper Pferderennen seit langem auch überregional große Beachtung. Rennen finden heute nicht mehr statt, doch das Gelände der alten Pferderennbahn ist als Naherholungsgebiet mit naturkundlichem Lehrpfad erhalten.

Der Verstädterungsprozeß der ehemals agrarischen Landschaft verlief also ebenso rasant wie der Aufstieg der Zechen. Andererseits litt der Bergbau unter den Wirtschaftskrisen der zwanziger und frühen dreißiger Jahre, die zu Entlassungen und großer Arbeitslosigkeit führten. Auf die Euphorie der fünfziger Jahre folgte schon bald die dramatische Strukturkrise im Bergbau, die zum Zechensterben führte. Mit der Stillegung der Zeche Erin am 23. Dezember 1983 endete die 117jährige Geschichte der Schachtanlage und die ebensolange Geschichte des Bergbaus in Castrop-Rauxel.

Die Gegenwart zu meistern und die Zukunft zu gestalten ist nicht einfach in einer Stadt, in der die Mehrzahl der Arbeitsplätze über ein Jahrhundert lang vom Bergbau abhingen. Phantasie und Optimismus gehören dazu, um mit einer alarmierenden Arbeitslosenquote von über 10 % (bis zu 18,5 % nach den Zechenschließungen) umzugehen. Schon einmal war die Stadtverwaltung, als es um die Bekämpfung hoher Arbeitslosigkeit ging, mit innovativen Maßnahmen aktiv geworden. Nach den „Vorschriften der produktiven Erwerbslosenfürsorge", wie es im damaligen Amtsdeutsch hieß, ließ sie 1925 den Stadtgarten mit Freibad anlegen und schlug auf diese Weise gleich zwei Fliegen mit einer Klappe. Hier bot sich einerseits eine lohnende Aufgabe für die Wohlfahrtsempfänger, und es entstand andererseits eine kleine, grüne Oase inmitten der Industrielandschaft, die die Lebensqualität in der Stadt spürbar und sichtbar verbesserte. Auch in Habinghorst und Ickern entstanden zu jener Zeit erste öffentliche Grünflächen.

Fachwerkidylle in
Castrop: Die alte Syna-
goge 1930 (links) und
der alte Biesenkamp um
1915 (rechts).

Half-timbered idyll in
Castrop: the old synago-
gue in 1930 (left) and
the historical street of
Biesenkamp in c. 1915
(right).

Romantique architecture
à colombage à Castrop:
la vieille synagogue en
1930 (à gauche) et le
vieux Biesenkamp en
1915.

Dieser kleine Befreiungsschlag gegen die raum- und landschaftsverbrauchende Industrie könnte heute wie ein erstes Zeichen des Aufbruchs erscheinen. Die Stadt durch die Anlage und Pflege von Grün- und Erholungsflächen liebens- und lebenswerter zu machen, ist auch heute das Ziel der Stadt Castrop-Rauxel und gleichzeitig ein Weg, ihre Attraktivität als Standort für neue Unternehmen zu steigern. Der Umbau der Wirtschaft ist in vollem Gange, planmäßig und kalkuliert. Die Wirtschaftsförderung setzt besonders auf die Ansiedlung von Klein-. und Mittelbetrieben, vor allem im Bereich neuer Technologien. Ein Beispiel für ein zukunftsträchtiges Konzept entstand erst jüngst neben dem Rathaus: Das Technologiezentrum „technoMedical" vereint unter einem Dach ausschließlich Firmen, die im hochspezialisierten Bereich der Medizintechnik arbeiten.

Eine wichtige Rolle für die wirtschaftliche Zukunft der Stadt spielt die Internationale Bauausstellung (IBA) Emscher Park. Im Rahmen der IBA, die mit Mitteln des Landes Nordrhein-Westfalen gefördert wird, entwickelt die Stadt Strategien für die Zukunft. Der Erhalt und die Umnutzung von Industriedenkmälern als Zeugen der Geschichte gehören ebenso zu den neuen Aufgaben wie die Freihaltung und Rückgewinnung von Landschaft. Besondere Bedeutung kommt dabei der Industriebrache der ehemaligen Zeche Erin zu. In unmittelbarer Nähe der Altstadt entsteht auf einem 40 Hektar großen Gelände ein Gewerbe- und Landschaftspark. Neue Unternehmen mit zu

kunftsorientierten Arbeitsplätzen können sich hier in einer nach ökologischen und ästhetischen Aspekten gestalteten Parklandschaft ansiedeln. Der Entwurf für den Park erinnert an den irischen Ursprung des Wortes „Erin" und soll eine irische Landschaft inszenieren. Der restaurierte Förderturm wird nach wie vor an die ehemalige Nutzung des Geländes erinnern und ist gleichzeitig Symbol für den Weg in die wirtschaftliche Zukunft. Der unter Denkmalschutz stehende Hammerkopfturm der Zeche Erin wurde inzwischen ebenfalls restauriert und sein Umfeld gestaltet. Auch hier wird auf den irischen Gründer der Zeche angespielt: Die Bedeutung des Baumkreises aus verschiedenen Baumarten rings um den Förderturm hat ihren Ursprung in der keltischen Mythologie.

Im Süden Castrop-Rauxels existiert mit der Bergehalde Schwerin ein interessantes Stück zurückgewonnener Industriefläche. Die Halde wurde schon in den achtziger Jahren zunächst begrünt und aufgeforstet, dann durch ein Wegenetz erschlossen und ist heute ein spannendes Freizeitareal. Von oben bietet sich nicht nur ein Blick weit über die Stadt bis nach Dortmund und Witten: Eine mächtige kreisförmige Sonnenuhr aus 24 Stahlpfählen, geschaffen von dem Castroper Künstler Jan Bormann, ziert den Gipfel, der – stolze 150 Meter hoch – gleichzeitig der höchste Punkt Castrop-Rauxels ist.

Daß es im Ruhrgebiet manches idyllische Fleckchen Grün gibt, dafür kann Castrop-Rauxel als „Industriestadt im Grünen" ohnehin jederzeit den Beweis

antreten. Auch hier verfolgt die Stadt im Rahmen der IBA ehrgeizige Pläne: Zu nennen wäre der Freizeitpark Bladenhorst, der von der Castrop-Rauxeler Mitte bis zur Stadtgrenze Hernes reicht. Rad- und Wanderwege durchqueren den Park rund um das Schloß Bladenhorst, das Castroper Holz wird naturnah entwickelt, und auch die Renaturierung des Deininghauser Baches trägt dazu bei, daß hier eine Landschaft entsteht, in der sich der Mensch erholen kann und in der heimische Pflanzen und Tiere wieder einen Lebensraum finden.

Der 18-Loch-Golfplatz im Stadtteil Frohlinde, ein Naturlehrpfad in der Freizeitanlage Schellenberg rund um Haus Goldschmieding, der Yachthafen Pöppinghausen am Rhein-Herne-Kanal und der Beerenbruch-See als Anglerparadies ergänzen das Freizeit- und Erholungsangebot im Grünen.

Über die Stadtgrenzen hinaus hat sich Castrop-Rauxel als „Europastadt" einen Namen gemacht. Völkerverständigung ist in dieser Stadt kein leeres Wort, sie wird schließlich seit über einem Jahrhundert praktiziert, seit mit der rasanten industriellen Entwicklung Menschen aus allen Himmelsrichtungen kamen, um hier zu arbeiten und zu leben. Das europäische Engagement begann schon 1950, als die Castrop-Rauxeler ihre Meinung zum Thema Völkerverständigung öffentlich zeigen konnten: Castrop-Rauxel wurde als eine von drei deutschen Städten, als charakteristische mittlere Industriestadt mit Bergarbeiterbevölkerung, auserse-

hen, eine Urabstimmung über den Pacte fédéral (Europäische Bundesverfassung) durchzuführen. Mit großer Mehrheit stimmten die Einwohner für die Aufgabe der eigenen Staatshoheit zugunsten eines vereinten Europas.

Der europäische Gedanke wird in Castrop-Rauxel aber auch durch Städtepartnerschaften gepflegt. Partnerstädte sind seit 1949 das englische Wakefield, seit 1950 das holländische Delft, seit 1963 das französische Vincennes und seit 1965 das finnische Kuopio. 1990 und 1991 kamen Zehdenick in Brandenburg und Nowa Ruda in Polen hinzu. Die offizielle Anerkennung ließ nicht lange auf sich warten: Für ihr ideenreiches Engagement erhielt die Stadt schon 1963 die Europafahne anläßlich der Europäischen Kulturtage in Castrop-Rauxel, 1979 wurde ihr der Theodor-Heuss-Preis zuerkannt.

Städte sind nie fertig, sie verändern sich ständig. Einen Blickfang bildet das 1976 offiziell eröffnete Forum im geographischen Mittelpunkt der Stadt. Die renommierten Architekten Arne Jacobsen und Otto Weitling entwarfen den repräsentativen Komplex, der die bauliche Lücke zwischen den Stadtteilen Castrop und Rauxel schließt. Er dient zugleich als administratives und kulturelles Zentrum. Dem 260 Meter langen Rathaus sind drei große Säle mit Hängedächern zugeordnet, die das Forum gliedern: Der Ratssaal ist dem Rathauskomplex vorgelagert. Die Stadthalle ist Sitz des Westfälischen Landestheaters (WLT), das seit 1946 sei-

Blick auf Castrop über den Stadtgarten und die Badeanstalt um 1935.

View of Castrop across the municipal park and the public baths, c. 1935.

Vue de Castrop, le parc et les bains municipaux vers 1935.

Europawahlplakat 1950.

Poster for the European elections, 1950.

Affiche pour l'élection européenne (1950).

nen Sitz in Castrop hat, und dient als Mehrzweckhalle für kulturelle Veranstaltungen, auch die Europahalle ist für eine Mehrfachnutzung eingerichtet, sei es für Quizabende, Show-Konzerte oder Kongresse.

Auch die Innenstadt hat sich verändert in den letzten Jahren, sie ist wohnlicher geworden. Zwar ist der alte Biesenkamp mit seiner gemütlich verwinkelten Fachwerkidylle und seiner Beschaulichkeit nicht mehr erhalten – er mußte 1953 einem modernen, begradigten Straßenzug weichen – doch ließ die Stadt den Biesenkampplatz 1990 ansprechend umgestalten. Mit Sitzplätzen, Blumenkästen und einer volkstümlichen Skulptur, der „Marktfrau Emma", lädt der kleine Platz zum Verweilen ein. Weitere hübsche Plätze sind in den letzten Jahren geschaffen worden, mit Bänken und anprechender Begrünung und manchem schmückenden Kunstwerk: Der Lambertusplatz erhielt mit der Brunnensäule „Die vier Jahreszeiten" des Castrop-Rauxeler Künstlers Jan Bormann schon 1979 neuen Schmuck. Auch dem beliebtesten Hobby des Bergmanns, der Taubenzucht, wurde mit dem „Taubenvatta" am Kuopio-Platz ein Denkmal gesetzt.

Solcherart verschönert und behutsam saniert, hat sich die Altstadt rund um die stadtbildprägende Lambertuskirche in-

zwischen zu einer attraktiven Einkaufsmeile mit einer gelungenen Mischung aus Fachgeschäften, Boutiquen und Gastronomie gemausert. Auch städtebaulich hat sich einiges verändert. Hinzugekommen ist die glasüberdachte, lichtdurchflutete Einkaufspassage „Widumer Tor", die zum gemütlichen Bummeln einlädt. Das Bürgerhaus „Alte Feuerwache" wurde indessen nur umgestaltet und bietet seitdem in der Bürgerhaus-Galerie Platz für wechselnde Ausstellungen.

Noch sind die Spuren des Bergbaus, mit dem diese kontrastreiche Stadt groß geworden ist, überall deutlich zu sehen, doch wird er immer mehr zur Erinnerung. Die alten Bilder werden von neuen abgelöst, die Zeichen stehen auf Veränderung. Castrop-Rauxel hat sein schweres Erbe mit bewundernswertem Optimismus angetreten. Die Stadt ist keine Schönheit und wird es nie werden. Wer hierher kommt, hat einen Grund, wohnt hier, arbeitet hier, ist vielleicht zu Besuch bei Verwandten oder Freunden. Doch wer Castrop-Rauxel lange genug kennt, begreift, daß es nicht die oft unscheinbaren Äußerlichkeiten sind, die den Charakter der Stadt ausmachen. Bestimmend ist vielmehr die Offenheit, in der Altes und Neues nebeneinanderstehen, und bestimmend ist die Offenheit der Menschen, die hier leben und diese Stadt, so wie sie ist, liebgewonnen haben.

Hinter der schmucken Fassade im historisierenden Stil aus der Zeit um 1900 befindet sich seit 1993 die „Buchhandlung am Castroper Markt".

Located since 1993 behind this handsome façade from around 1900 is the „Buchhandlung am Castroper Markt" book-shop.

Coquette façade de 1900 de la „Librairie du Marché" („Buchhandlung am Castroper Markt" depuis 1993).

Castrops „gute Stube":
der Marktplatz mit
Rennreiterbrunnen und
der St.-Lambertus-
Kirche.

The marketplace in
Castrop with the Racing
Jockey fountain and St
Lambert's church.

La „gute Stube" de
Castrop („le bon coin"):
la place du marché avec
la fontaine aux jockeys
et l'église St-Lambert.

Markttag auf dem Castroper Marktplatz. Das Rennreiterdenkmal von 1912 erinnert an die Castroper Pferderennen.

Market-day in Castrop. The Racing Jockey monument dates from 1912 and commemorates the Castrop horse races.

Jour de marché sur la place du marché de Castrop. Le monument aux jockeys de 1912 évoque les courses de chevaux qui se déroulaient à Castrop.

In der Fußgängerzone
und am Münsterplatz
(oben) laden Cafés und
Geschäfte zum gemütli-
chen Einkaufsbummel
ein.

In the pedestrian pre-
cinct and on Münster-
platz (above), cafés and
shops entice passing
strollers.

Cafés et magasins
invitent à la flânerie et
au shopping dans la
zone piétonnière et sur
la Place de Münster (en
haut).

*Links: Der Castroper
Kirchplatz 1967.*

*Left: Kirchplatz in
Castrop, 1967.*

*A gauche: la Place de
l'église de Castrop en
1967.*

*Romantische Winkel mit
schönen Fachwerk-
häusern in der Castrop-
Rauxeler Altstadt.*

*A romantic corner with
beautiful half-timbered
houses in the historical
centre of Castrop-
Rauxel.*

*Un coin romantique de la
vieille ville de Castrop-
Rauxel, avec ses belles
maisons à colombage.*

1912 fand die feierliche Einweihung des Rennreiterdenkmals statt.

The Racing Jockey monument was inaugurated in an official ceremony in 1912.

Cérémonie d'inauguration du monument aux jockeys en 1912.

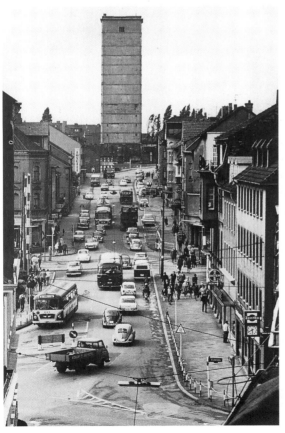

Blick auf die Münsterstraße 1968 (noch mit Hochbunker links) und 1963 (rechts).

View of Münsterstrasse in 1968 (still with its air-raid shelter, left) and in 1963 (right).

Vue de la Rue de Münster en 1968 (on aperçoit encore l'abri antiaérien, à gauche) et en 1963 (à droite).

*Der idyllische alte
Biesenkamp mit
Fachwerkhäusern und
Kopfsteinpflaster (unten
beim Biesenkamp-Fest)
erinnerte noch 1935 an
die Zeit vor der
Industrialisierung.*

*In 1935, the idyllic
street of Biesenkamp
with its half-timbered
houses and cobbled
streets (below during
the Biesenkamp carni-
val) still recalled the
days before industrial-
ization.*

*Idyllique, le vieux
Biesenkamp avec ses
maisons à colombage et
ses rues pavées (en bas,
la fête de Biesenkamp)
datait encore, en 1935,
de l'époque pré-industri-
elle.*

*Das alte Rathaus wurde
1904 als Amtshaus für
Rauxel erbaut und dien-
te von 1926 bis 1976
der neugebildeten Stadt
Castrop-Rauxel als
Verwaltungssitz.*

*The old Town Hall was
originally built in 1904
for Rauxel council. From
1926 to 1976 it housed
the administrative offi-
ces of the newly-formed
town of Castrop-Rauxel.*

*Le vieil Hôtel de Ville fut
érigé en 1904 comme
mairie de Rauxel. De
1926 à 1976, il fut le
centre administratif de
la ville nouvelle Castrop-
Rauxel.*

Blick über Castrop-Rauxel mit Erin-Förderturm, Luther- und St.-Lambertus-Kirche.

View of Castrop-Rauxel with the Erin colliery pithead tower, the Luther church and St Lambert's church.

Vue de Castrop-Rauxel avec le chevalement du puits de la mine d'Erin, l'église Luther et St-Lambert.

Das Forum, erbaut nach dem Entwurf von Arne Jacobsen und Otto Weitling, ist seit 1976 Sitz der Stadtverwaltung.

Since 1976 the town council has been headquartered in the Forum, built to designs by Arne Jacobsen and Otto Weitling.

Le forum, construit d'après le projet de Arne Jacobsen et Otto Weitling, est le siège de l'administration municipale depuis 1976.

Moderne Wohnhäuser am Händelweg (oben) und die Willy-Brandt-Gesamtschule (links) sind gelungene Beispiele für zeitgenössische Architektur im sachlichen Stil.

Modern residential housing on Händelweg (above), and the Willy Brandt comprehensive school (left), are successful examples of contemporary architecture in a functional style.

Les ensembles modernes d'habitations du Händelweg (en haut) et l'école polyvalente „Willy Brandt" (à gauche) sont des exemples réussis d'architecture contemporaine de style fonctionnel.

Harmonisches
Zusammenspiel von
historischer und moder-
ner Architektur:
Bürgerhaus Alte Feuer-
wache (oben und rechts)
und Adalbert-Stifter-
Gymnasium (oben).

The harmonious inter-
play of old and new
architecture: the Alte
Feuerwache house
(above and right) and
the Adalbert Stifter
senior school (above).

Un harmonieux contraste
d'architecture historique
et moderne: le foyer
municipal „Alte Feuer-
wache" (en haut et à
droite), et le lycée
Adalbert Stifter (en
haut).

Die Häuser in der
Viktoriastraße zeugen
vom Wohlstand der
Stadt in den Gründer-
jahren. Im Vordergrund
ist die alte Bürgermei-
stervilla zu sehen.
Reizvolles Gegengewicht
zur Architektur des aus-
gehenden 19. Jahr-
hunderts ist die moder-
ne, lichtdurchflutete
Einkaufspassage
„Widumer Tor" (oben).

The houses in
Viktoriastrasse bear
witness to the city's
prosperity in the 1870s.
The villa in the fore-
ground was originally
occupied by the mayor.
An attractive counter-
balance to the solid
architecture of the late
19th century is provided
by the modern and
light-filled Widumer Tor
shopping mall (above).

Les maisons de la rue
Viktoria témoignent de la
richesse de la ville à l'ère
industrielle. Au premier
plan, la vieille maison du
Maire. L'architecture du
19ème siècle finissant, et
le „Widumer Tor", un
passage moderne, baigné
du lumière (en haut)
offrent un contraste du
plus bel effet.

Der restaurierte
Förderturm der ehemali-
gen Zeche Erin ist
Wahrzeichen des entste-
henden Gewerbe- und
Landschaftparks Erin.

The restored pithead
tower of the former Erin
colliery is now the land-
mark of the Erin enter-
prise and landscape
park currently under
construction.

Le chevalement du puits
de l'ancienne mine
d'Erin, aujourd'hui
restauré, est le symbole
du parc industriel et
paysager d'Erin en cours
de réalisation.

Der GERKO-Park bietet
einem Dutzend Firmen
Raum (oben). Größter
gewerblicher
Arbeitgeber Castrop-
Rauxels ist der chemi-
sche Großbetrieb VFT
AG (rechts).

The GERKO park is
home to a dozen firms
(above). The VFT AG
chemical company is
Castrop-Rauxel's largest
industrial employer
(right).

Le parc GERKO offre un
espace d'implantation
pour une douzaine
d'entreprises (en haut).
Le plus grand employeur
industriel de Castrop-
Rauxel est l'entreprise
chimique „VFT AG" (à
droite).

Romantischer Abendhimmel über Castrop mit Erin-Förderturm, St. Lambertus und Lutherkirche (von links).

Romantic evening skies over Castrop, with (from left to right) the Erin pithead tower, St Lambert's church and Luther church.

Crépuscule romantique sur Castrop et le chevalement du puits d'Erin, Eglise St-Lambert et Luther (vue de gauche).

Die mächtige Vorburg von Schloß Bladenhorst wurde im 16. Jahrhundert erbaut und zeugt noch heute vom wehrhaften Charakter der Schloßanlage.

The massive buildings in front of Bladenhorst castle were built in the 16th century and continue to testify today to the heavily fortified character of the castle complex.

La fortification massive devant le château de Bladenhorst a été aménagée au 16ème siècle, et elle témoigne encore aujourd'hui du caractère guerrier du complexe.

*Haus Goldschmieding,
ein Adelshaus aus dem
16. Jahrhundert, beher-
bergt heute ein
Gourmet-Restaurant.*

*The 16th-century Haus
Goldschmieding, once
the home of a noble
family, is today a gour-
met restaurant.*

*La maison „Goldschmie-
ding", une maison de la
noblesse du 16ème
siècle, est aujourd'hui
un restaurant gastrono-
mique.*

Das Prunkstück der Ausstattung von Haus Goldschmieding ist der berühmte Renaissance-Sandsteinkamin von 1597, der mit aufwendigen Details gestaltet ist.

The highlight of the interior of Haus Goldschmieding is the highly-detailed Renaissance sandstone fireplace dating from 1597.

Le plus bel élément de la maison „Goldschmie-ding" demeure la célèbre cheminée de grès en style Renaissance (1597), agrémentée de détails minutieux.

*Winterliche Ansichten
von Castrop-Rauxel:
Schloß Bladenhorst
(oben) und Blick auf den
Brückenweg mit den
Castroper Kirchtürmen.*

*Wintery images of
Castrop-Rauxel:
Bladenhorst castle
(above) and a view of
Brückenweg with the
spires of Castrop's
churches behind.*

*Vues de Castrop-Rauxel
en hiver: le château de
Bladenhorst (en haut), et
vue sur le chemin du
pont („Brückenweg"),
avec les clochers des
églises de Castrop.*

Freizeitsportler am
Rhein-Herne-Kanal und
auf dem 18-Loch-
Golfplatz im Stadtteil
Frohlinde.

Sports enthusiasts on
the Rhine-Herne canal
and on the 18-hole golf
course in Frohlinde.

Sport et loisirs sur le
canal Rhin-Herne et le
terrain de golf à 18 trous
du quartier de Frohlinde.

*Yachthafen Pöpping-
hausen am Rhein-
Herne-Kanal (oben) und
das Erholungsgebiet
Beerenbruch (rechts).*

*Pöppinghausen marina
on the Rhine-Herne
canal (above) and
Beerenbruch recreation
area (right).*

*Le port de plaisance
„Pöppinghausen" sur le
canal Rhin-Herne (en
haut) et le parc de loisirs
„Beerenbruch" (à droite).*

Projekte des Castrop-Rauxeler Künstlers Jan Bormann: die „Landmarke Halde Schwerin" mit Sonnenuhr und die „Stickstoffsäule" in Ickern, die an den ehemaligen Großbetrieb Gewerkschaft Victor erinnert.

Projects by the Castrop-Rauxel artist Jan Bormann: the „Schwerin Waste Heap Landmark" with sundial and the „Nitrogen Column" in Ickern, which commemorates the former Victor mining company.

Les projets de Jan Bormann, artiste résidant à Castrop-Rauxel: „Landmarke Halde Schwerin" avec cadran solaire et „Stickstoffsäule" à Ickern, évoquant les anciennes grandes entreprises „Gewerkschaft Victor".

Das Freizeitgelände Schellenberg mit der ehemaligen Pferderennbahn.

Schellenberg park with the former racecourse.

L'espace de loisirs de Schellenberg avec l'ancien hippodrome.

Der landschaftlich reizvolle Golfplatz Frohlinde.

Frohlinde golf course is set in beautiful grounds.

Le joli site du golf de Frohlinde.

Kirmesfeuerwerk über dem St.-Lambertus-Kirchturm.

Carnival fireworks above the spire of St Lambert's church.

Le feu d'artifice de la fête de la ville au-dessus du clocher de St-Lambert.

Im Bölling LKW-Museum sind liebevoll restaurierte LKW-Oldtimer ausgestellt.

On display in the Bölling Lorry Museum are lovingly-restored vintage lorries.

Le musée du poids lourd de Bölling expose des camions anciens restaurés avec passion.

Genuß für Geist und Gaumen: „Castrop kocht über" heißt es einmal im Jahr, wenn auf dem Castroper Marktplatz ein kulinarisches Fest gefeiert wird (links). Das Westfälische Landestheater – hier bei einer Aufführung von „Macbeth" – hat seinen Sitz seit 1946 in Castrop-Rauxel (oben).

A feast for the tastebuds: once a year Castrop celebrates a culinary festival on the marketplace (left). The Westphalian Regional Theatre – here giving a performance of „Macbeth" – has been based in Castrop-Rauxel since 1946 (above).

Plaisirs des sens et de l'esprit: la manifestation „Castrop kocht über" („Les cuisines de Castrop vont sur la place"), ainsi qu'elle a été dénommée, a lieu une fois par an, et sur la place du marché de Castrop se tient une foire gastronomique (à gauche). Le théâtre régional de Westphalie – ici lors d'une représentation de „Macbeth" – réside à Castrop-Rauxel depuis 1946 (en haut).

Von der Bergbau-
vergangenheit der Stadt
zeugen die Zechenhäu-
ser in der Auguststraße
in Habinghorst (oben)
und in der Schweriner
Straße (links).

The miners' houses in
Auguststrasse in the
Habinghorst district
(above) and in Schwe-
riner Strasse (left) bear
witness to the town's
mining past.

Les maisons minières de
l'Auguststraße à Habing-
horst (en haut) et de la
Schweriner Straße (à
gauche) témoignent du
passé minier de la ville.

Die Bergarbeitersied-lung der Zeche Graf Schwerin aus dem Jahre 1908. Zum typischen Bild der sogenannten Kolonien gehören die „Buden", die für den kleinen Einkauf genutzt werden.

The housing estate built for miners at Graf Schwerin colliery, seen in 1908. Kiosks are a typical feature of these colonies, as they were known, and are used for small purchases.

Le coron de la mine „Graf Schwerin", en 1908. Typiques de ces „colonies ouvrières": les „échoppes", où l'on fait de petits achats.

Folgende Seiten: Zechensiedlungen in der Habinghorster Alfred-straße (großes Foto), der Bodelschwingher Straße (kl. Foto oben) und im Breckenwinkel (kl. Foto unten).

Following pages: Miners' estates in Alfredstrasse in Habinghorst (large photo); in Bodel-schwingher Strasse (small photo above) and in Breckenwinkel (small photo below).

Pages suivantes: Corons de la Alfred-straße à Habinghorst (grande photo), de la Bodelschwingher Straße (petite photo du haut) et au „Breckenwinkel" (petite photo du bas).

Das Bergbeamtenhaus an der Bodelschwingher Straße, erbaut 1902 (oben), und der Hammerkopfturm der Zeche Erin, Schacht 3 aus dem Jahre 1929 (oben und rechts) sind bedeutende Zeugnisse der Bergbaugeschichte im Ruhrgebiet.

The mining official's house in Bodelschwingher Strasse, built in 1902 (above), and the hammer-head tower at Shaft 3 of Erin colliery, dating from the year 1929 (above and right), are important witnesses to the history of mining in the Ruhr.

La maison de l'administration minière dans la Bodelschwingher Straße, construite en 1902 (en haut), et la tour „à tête de marteau" de la mine d'Erin, fosse 3, en 1929 (en haut et à gauche), restent des témoignages importants de l'histoire minière de la Ruhr.

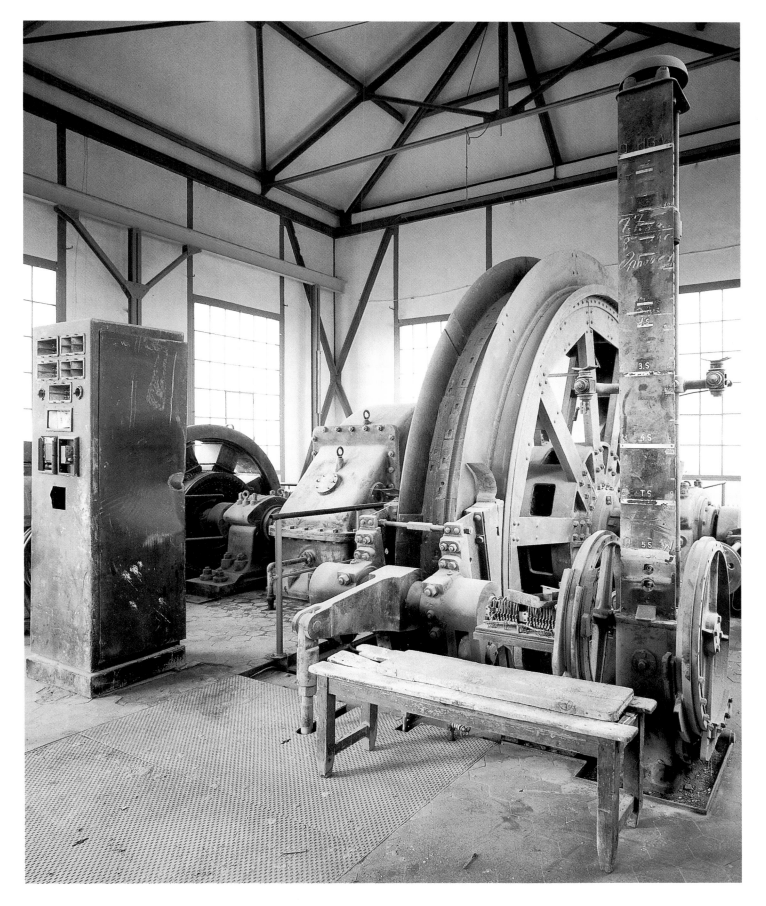

Die expressionistische Kirche St. Antonius (oben und unten) in Ickern entstand nach Plänen des bekannten Essener Architekten Alfred Fischer.

The Expressionistic church of St Anthony in Ickern (above and below) was designed by the wellknown Essen architect Alfred Fischer.

L'église en style expressionniste St-Antoine (en haut et en bas) à Ickern a été construite d'après les plans du célèbre architecte d'Essen, Alfred Fischer.

Im Innenraum der Castroper Lambertuskirche (rechts) aus dem 13. Jahrhundert fallen vor allem die schönen Pfeilerkapitelle und das Sakramentshaus von 1516 auf.

Interior of St Lambert's church in Castrop (right). Particularly striking features of this 13th-century church include the beautiful capitals crowning its pillars and the tabernacle of 1516.

La nef de l'église St-Lambert à Castrop (à droite) datant du 13ème siècle frappe surtout par la beauté des chapiteaux de ses piliers et par le tabernacle réalisé en 1516.

Die Lambertuskirche in Henrichenburg gehört zu den ältesten Baudenkmälern der Stadt.

St Lambert's church in the Henrichenburg district is one of the city's oldest architectural monuments.

L'église St-Lambert à Henrichenburg fait partie des plus anciens monuments de la ville.

Wochenmarkt in Ickern.
Im Hintergrund ist der
markante Kirchturm der
Antoniuskirche zu
sehen.

*Weekly market in
Ickern. Visible in the
background is the
striking tower of St
Anthony's church.*

*Marché hebdomadaire à
Ickern. A l'arrière-plan
on peut voir le clocher
remarquable de l'église
St-Antoine.*

Abendstimmung, einge-
fangen an der Lange-
straße in Habinghorst.

Evening falls in Lange-
strasse in the Habing-
horst district.

Crépuscule dans la
Langestraße à Habing-
horst.

In Deininghausen treffen
ländliches Ambiente und
Industriearchitektur
aufeinander.

Industrial architecture
and a rural atmosphere
come together in
Deininghausen.

Harmonie entre
l'atmosphère villageoise
de Deininghausen et de
l'architecture industri-
elle.

Zahlreiche Grünflächen zeichnen Castrop als „Industriestadt im Grünen" aus: der ländlich wirkende Stadtteil Henrichenburg (oben) und das Wildgehege im Grutholz (unten).

Numerous parks and gardens make Castrop an industrial city in a green setting, as seen here in the rural flavour of Henrichenburg (above) and the wildlife preserve in Grutholz (below).

De nombreux espaces verts font de Castrop une „ville industrielle verte": le quartier Henrichenburg, où l'on pourrait se croire à la campagne (en haut) et le parc giboyeux de Grutholz (en bas).

Die Emscher (links), einst ein Fluß mit weiten Überschwemmungswiesen, fließt heute im Betonbett. Am Emscher-Düker wird sie unter dem Rhein-Herne-Kanal hergeführt.

The Emscher (left), a river once bordered by wide flood meadows, today flows through a concrete course. It is channelled beneath the Rhine-Herne canal through an underground pipeline.

La Emscher (à gauche), autrefois cours d'eau à crues dévastatrices, est aujord'hui retenue dans un lit de béton. Elle est détournée sous le canal Rhin-Herne.

Das historische
Schiffshebewerk
Henrichenburg am
Dortmund-Ems-Kanal
ist ein beliebtes
Ausflugsziel in Castrop-
Rauxels Nachbarort
Waltrop.

The historical
Henrichenburg ship's
hoist on the Dortmund-
Ems canal is a popular
destination in Castrop-
Rauxel's neighbouring
town of Waltrop.

L'élévateur de bateaux
de Henrichenburg, monu-
ment historique sur le
canal Dortmund-Ems, est
un but d'excursion
apprécié à Waltrop,
localité voisine de
Castrop-Rauxel.

Chronik

Um 768
Castrop entsteht als karolingischer Reichshof und Stützpunkt am Hellweg, einer wichtigen Heeres- und Etappenstraße im Sachsenkrieg. Im Schutz des Reichshofes entwickelt sich in den folgenden Jahrhunderten ein selbständiger Verwaltungsbereich, das „Gericht" Castrop.

834
Castrop wird als „villa castorp" zum ersten Mal urkundlich erwähnt.

1236
Die Grafen von Kleve gliedern das Gericht Castrop in ihren Machtbereich ein.

1368
Die Grafschaft Kleve fällt durch Erbschaft an die Grafen von der Mark, seit dieser Zeit untersteht die Gerichtsbarkeit Castrop den Grafen, späteren Herzögen von Kleve-Mark, die es bis zum Aussterben des Geschlechtes 1609 besitzen.

Um 1250
Spätromanische Pfarrkirche St. Lambertus erbaut.

1266
Rittergeschlecht Bladenhorst wird erstmals urkundlich erwähnt.

Um 1470
Castrop erhält Freiheitsrechte und darf zwei Märkte im Jahr abhalten. Der älteste erhaltene Freiheitsbrief stammt aus dem Jahre 1484.

Um 1590
Beginn der Reformation in Castrop.

1598
Spanische Truppen unter Francisco de Lara in Castrop.

1614
Die westfälische Grafschaft Kleve-Mark kommt zu Brandenburg.

1636
Pest-Epidemie.

1702
Einweihung der ersten evangelischen Kirche.

1807–1813
Mairie Castrop unter französischen Besatzungstruppen.

1847
Die erste Eisenbahn hält am Bahnhof Castrop, dem späteren Bahnhof Rauxel.

1866
Der Ire William Thomas Mulvany (1806–1885) beginnt mit dem Abteufen der ersten Zeche, die er nach seinem Heimatland „Erin" nennt.

1868
Neubau für das katholische Krankenhaus fertiggestellt.

1872
Abteufen der Schächte der Zeche Graf Schwerin und der Zeche Victor I.

1875
Die erste Lokalzeitung „Castroper Anzeiger" erscheint. Die Sparkasse nimmt ihre Tätigkeit auf. Auf der Naturhindernisrennbahn findet das erste Pferderennen statt.

1876
Die Zeche Victor in Rauxel wirbt mit dem sogenannten „Masurenaufruf" Arbeitskräfte aus dem Osten an.

1878
Eröffnung der Emschertalbahn.

1881

Die Lutherkirche wird eingeweiht.

1884

Erste höhere Privatschule für Knaben eingerichtet.

1885

Erste höhere Privatschule für Mädchen eingerichtet.

1889

Bau der neuen Lambertuskirche im neugotischen Stil. Teile der spätromanischen Kirche werden in den Neubau einbezogen.

1892

Das evangelische Krankenhaus nimmt seine Tätigkeit auf.

1899

Kaiser Wilhelm II. kommt anläßlich der Einweihung des Schiffshebewerkes Henrichenburg mit dem Zug in Rauxel an.

1901

Die erste elektrische Straßenbahn fährt auf der Wittener Straße von Castrop über Langendreer nach Witten.

1902

Castrop wird mit den beiden Landgemeinden Obercastrop und Behringhausen vereinigt und erhält Stadtrechte. Die fünf Gemeinden Rauxel, Habinghorst, Frohlinde, Merklinde und Bövinghausen werden zum Amt Rauxel zusammengelegt.

1904

In Rauxel wird das neue Amtshaus gebaut.

1912

Feierliche Enthüllung des Rennreiterbrunnens auf dem Marktplatz.

1923

Besetzung der Stadt durch die Franzosen.

1925

Der Stadtgarten mit Freibad wird unter Einsatz Erwerbsloser in einer Art Arbeitsbeschaffungsmaßnahme angelegt.

1. April 1926

Gründung der Stadt Castrop-Rauxel durch Vereinigung von Castrop mit dem Amt Rauxel und den Gemeinden Deininghausen, Dingen und Ickern. Die neue Stadt hat 53 399 Einwohner.

1944

Zweiter Weltkrieg: Castrop-Rauxel ist Ziel mehrerer Bombenangriffe.

1946

Castrop-Rauxel wird Sitz des Westfälischen Landestheater (WLT).

1949

Wakefield (Großbritannien) wird die erste Partnerstadt.

1950

Europaabstimmung in Castrop-Rauxel: Die Bevölkerung votiert für einen europäischen Bundesstaat.

1975

Gebietsreform: Einbeziehung der Gemeinde Henrichenburg in das Stadtgebiet. Castrop-Rauxel kommt zum Kreis Recklinghausen.

1976

Der neue Stadtmittelpunkt mit Rathaus, erbaut nach Plänen von Arne Jacobsen und Otto Weitling, wird offiziell eröffnet.

1979

Für ihr europäisches Engagement wird der Stadt der Theodor-Heuss-Preis zuerkannt.

1983

Mit der Schließung der Zeche Erin endet die 117jährige Geschichte des Bergbaus in Castrop-Rauxel.

1991

Beginn der Bauarbeiten für einen Dienstleistungs- und Gewerbepark Erin im Rahmen der Internationalen Bauausstellung (IBA) Emscher Park.

1992

Medizinisch-technisches Zentrum „techno-Medical" eröffnet.

Auf einen Blick

Feste und Veranstaltungen

Das traditionsreichste Fest in Castrop-Rauxel ist die Kirmes: Sie geht auf das 1470 verbriefte Recht zurück, zweimal im Jahr einen Markt abzuhalten. Auch die Schützenfeste, die in allen Ortsteilen gefeiert werden, haben eine lange Tradition. „Castrop kocht über" heißt ein jährlich im Frühjahr stattfindendes Straßenspektakel: Dann sorgen Köche, Musiker und Unterhaltungskünstler in der Altstadt drei Tage lang für Konsum und Kurzweil. In der Vorweihnachtszeit lädt die Werbegemeinschaft zum Christkindlmarkt in der Fußgängerzone der Altstadt ein.

Das Forum mit Europahalle und Stadthalle hat sich inzwischen zu einem eigenständigen Kulturträger entwickelt. Das Programm kann sich sehen lassen: Rock, Pop, Kabarett und Boulevardtheater gehören ebenso dazu wie Fachmessen, Modenschauen, Hundeausstellungen oder das Airbrush-Forum, das 1995 zum dritten Mal mit sehr gutem Publikumserfolg stattfand. Einige Veranstaltungen sind zu beliebten Dauerbrennern geworden: Zum Frühjahrsauftakt lockt der Frühlingsmarkt mit einem vielfältigen floristischen Angebot, im Advent gibt es den Adventsbasar, und die Silvester-Gala bildet den niveauvollen Abschluß des Jahres. Ein Publikumsmagnet ist das internationale VW-Forum, das jedes Jahr im Juni bis zu 30 000 VW-Enthusiasten aus dem In- und Ausland nach Castrop-Rauxel lockt.

Jugendliche zieht es ins Spektrum, eine Music-Hall mitten auf dem Acker. Neben der Disco gibt es ein Café und regelmäßig finden Rockkonzerte statt.

Forum Castrop-Rauxel
Europaplatz 6–10
44575 Castrop-Rauxel
Tel. 0 23 05/3 56 07-0

Ticketservice: Tel. 0 23 05/3 56 07 17,
Fax 0 23 05/3 56 07 77

Spektrum Music-Hall
Westring 227 b
44579 Castrop-Rauxel
Tel. 0 23 05/38 71

Hotels und Gastronomie

Das behutsam renovierte, ehemalige Wasserschloß Goldschmieding beherbergt heute ein anerkanntes, prämiertes Gourmet-Restaurant. In elegant-festlichem Ambiente wird gehobene Nouvelle Cuisine mit regionalen Akzenten serviert. Das gleichnamige Schloßhotel Goldschmieding, ein dem Herrenhaus vorgelagerter Hotelneubau, ist gleichzeitig Castrop-Rauxels nobelste Herberge. Auch mancher prominente Gast hat hier schon nach einem Auftritt in der Europahalle sein Haupt gebettet. Weniger fein, dafür aber auch weniger teuer, ißt und schläft man in den folgenden empfehlenswerten Restaurants und Hotels:

Restaurants
Asia, Chinesische Spezialitäten,
Am Bennertor, Tel. 0 23 05/4 22 99
Haus Bladenhorst, Wartburgstr. 5,
Tel. 0 23 05/7 79 91
Haus Goldschmieding, Ringstraße 97,
Tel. 0 23 05/3 29 31
Il Carciofo, italienische Spezialitäten,
Widumer Str. 17, Tel. 0 23 05/7 61 84
Haus Koch-Willms, Borghagener Str. 19,
Tel. 0 23 05/7 38 01
Martin's Café, Castroper Kirchplatz 8,
Tel. 0 23 05/4 20 41
Bei Michele, italienisches Restaurant,
Wittener Str. 120, Tel. 0 23 05/2 29 39
Haus Rochell, ungarisches Restaurant,
Wittener Str. 159, Tel. 0 23 05/2 43 13
Café Residenz, Wittener Str. 34,
Tel. 0 23 05/47 47

Hotels

Hotel Daun, Bochumer Str. 266,
Tel. 0 23 05/2 29 92
Haus Gertrud, Schwarzer Weg 8,
Tel. 0 23 05/8 36 32
Hotel Haus Schleich, Obere Münsterstr. 4,
Tel. 0 23 05/39 19
Hotel Hubbert, Lange Str. 78,
Tel. 0 23 05/7 50 51
Ramada Schloßhotel Goldschmieding,
Dortmunder Str. 99, Tel. 1 80 61/62/63
Hotel Zum Trucker, Hebewerkstr. 54,
Tel. 0 23 67/86 07

Kunst

Wechselnde Kunstausstellungen finden regelmäßig in der Rathausgalerie und der Bürgerhausgalerie statt. Auch das Amtsgericht und die beiden Krankenhäuser stellen Räumlichkeiten für Ausstellungen zur Verfügung.

Seit 1987 haben sich die heimischen Kunstschaffenden, elf bildende Künstler, ein Schauspieler und ein Musiker, im Künstlerbund Castrop-Rauxel organisiert. Mitglieder sind Jan Bormann (Bildhauer), Klaus Corzilius (Bildhauer), Peter Cremer (Maler), Heinrich Deleré (Maler), Peter Höschler (Schauspieler), Ulrich Kokotz (Musiker, Komponist), Thomas Montag (Maler), Put Pevec (Bildhauer), Paul Reding (Maler, Graphiker, Autor), Andreas Rzadkowsky (Maler), Annette Seiler (Keramikerin), Erika A. Schäfer (Lichtbildnerin) und Karin von Wangenheim (Malerin). Zu den regelmäßigen Aktivitäten der Castrop-Rauxeler Künstler gehört die Jahresausstellung, die zumeist in der Rathausgalerie stattfindet. Gelegentliche Ausstellungen finden in der Produzentengalerie von Erika A. Schäfer statt. Seit der Gründung bemühen sich die Künstler zudem um einen lebendigen Kulturaustausch mit den Partnerstädten Castrop-Rauxels. 1994 konnte erneut eine gemeinsame Ausstellung mit der Kuopioer Künstlervereinigung ARS LIBERA gezeigt werden.

Der Künstlerbund versteht sich aber auch als kritisches Korrektiv zur amtlichen Kulturpolitik: Ihre Jahresausstellung 1991 nutzten die heimischen Künstler um unter dem Motto „Kunst gegen Kitsch in der Stadt" öffentlich auf Mißstände aufmerksam zu machen.

Musik

Das Konzertwesen in der Stadt Castrop-Rauxel ist weitgehend geprägt von privater Initiative und verdankt seine Farbigkeit vor allem den abwechslungsreichen Programmen der zahlreichen Chöre. Seit 1848 wird in Castrop-Rauxel nachweislich mehrstimmige Chormusik gepflegt. Rund 1500 Sängerinnen und Sänger und Mitglieder der Bläserchöre gehören heute den kirchlichen und weltlichen Chören der Stadt an. Das Repertoire reicht von der einfachen Chormusik (Motetten und Choräle) über schwierigere Werke bis hin zu den großen Konzerten der hochkarätigen Chorliteratur aus Tradition und Moderne. Ein weltlicher und zwei kirchliche Chöre gehören der Chorgemeinschaft der Stadt Castrop-Rauxel an, die vor mehr als zwanzig Jahren gegründet wurde. Unter der Leitung von Dirigent und Gründungsmitglied Horst Winkelmann bringt die Chorgemeinschaft regelmäßig große Oratorien zur Aufführung.

Als Veranstalter von Aufführungen ernster Musik fungiert die Kulturgemeinde, die ihre Konzerte aus den Eintrittsgeldern und mit Zuschüssen der Stadt finanziert. Das Kulturamt der Stadt organisiert darüber hinaus in loser Folge Konzertveranstaltungen, die vom Kammerkonzert bis hin zum Sinfoniekonzert ein sehr breites Spektrum abdecken und ausschließlich durch Gastspiele bestritten werden.

Eine recht vitale junge Szene setzt alternative Akzente, die ohne etablierte Unterstützung und mangels geeigneter Aufführungsorte oft nur außerhalb von Castrop-Rauxel zum Einsatz kommen. Immerhin gibt es rund 20 heimische Bands unterschiedlicher Musikrichtungen, die auftreten können. Überregional haben Morgue, die Castrop-Rauxeler Heavy-Metal-Formation, und die Soultapes, Vertreter des Soul, Funk und Jazz, einen gewissen Bekanntheitsgrad erlangt. Für Konzerte bietet – neben den großen Hallen des Forums – das Art Stage in der Spektrum Music-Hall auch für kleinere Bands geeignete Räumlichkeiten. Außerdem finden in einigen Kneipen gelegentlich Veranstaltungen mit Live-Musik statt.

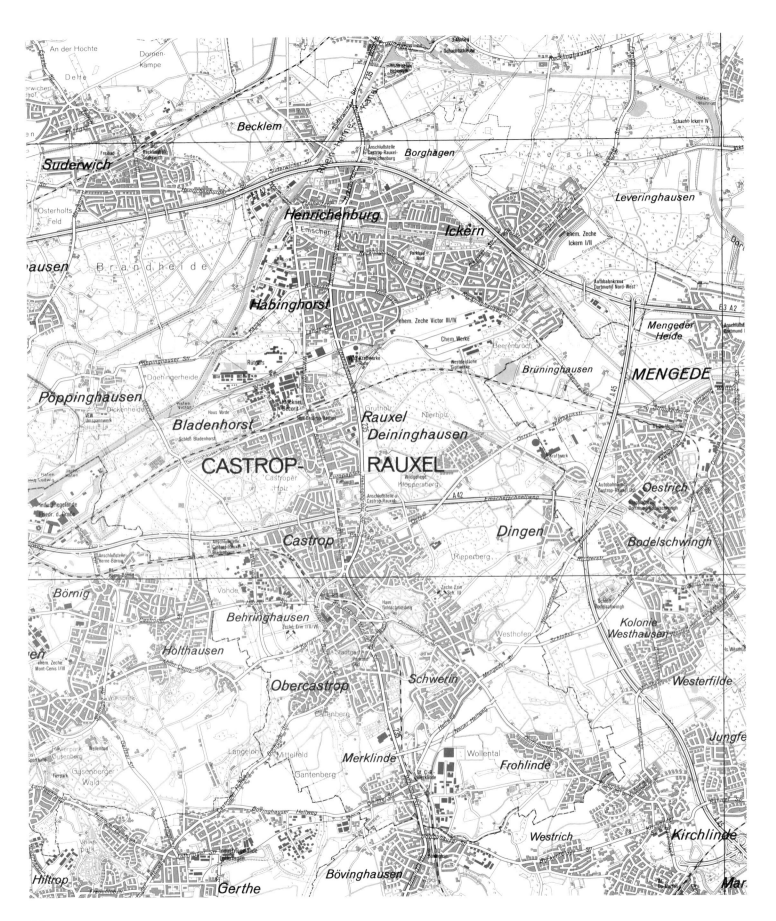

An der Hochte
Dornen-Kampe
Delle
Becklem
Suderwich
Freibad
Suderwicher Str
Suderwicher Bach
Osterholts Feld
Borghagen
Anschlußstelle
Castrop-Rauxel-Henrichenburg
Schacht Ickern IV
Leveringhausen
hausen
B r a n d h e i d e
Henrichenburg
Emscher
Ickern
ehem. Zeche Ickern I/II
Parkbad Nord
Habinghorst
Autobahnkreuz
Dortmund Nord-West
E3 A2
ehem. Zeche Victor III/IV
Mengeder Heide
Anschlußstelle Dortmund
Chem. Werke
Beerenbruch
Westdeutsche Gipswerke
Brüninghausen
MENGEDE
Pöppinghauser Str.
Rütgers
Kraftwerke Ruhr
A45
Pöppinghausen
Dickenheide
Doehingerheide
VEW Umspannwerk
Hafen Victor
Haus Vörde
Kokerei Becorit
Grutholz
Rauxel
Nierholz
Bladenhorst
Schloß Bladenhorst
Deininghausen
Kraftwerk
Oestrich
Hafen Ludwig
CASTROP-
Castroper Holz
RAUXEL
Wildgehege Kloppersberg
Rathaus
A42
Emscherschnellweg
Autobahnkreuz Castrop-Rauxel Ost
Anschlußstelle Dortmund-Bodelschwingh
Industriegelände Friedr. d. Grabe
Anschlußstelle Castrop-Rauxel
Ostn
Dingen
Bodelschwingh
Anschlußstelle Herne-Börnig
Castrop
Rieperberg
Bf. Herne-Börnig
Zeche Erin Sch III
Schloß Bodelschwingh
Börnig
Vohde
Haus Schedelschmieding
Kolonie Westhausen
Westerfilde
Behringhausen
Zeche Erin 1/7ii/VII
Westhofen
Holthausen
ehem. Zeche Mont-Cenis I/III
Stadtgarten
Obercastrop
Schwerin
Volkspark
Caltenberg
Jungfe
Revierpark Gusenberg
Langeloh
Mittelfeld
Merklinde
Wollental
Frohlinde
Tierpark Gusenberger Wald
Gantenberg
Bf. C.-R.-Merklinde
Bövinghauser Hellweg
Westrich
Kirchlinde
Volks-park
Hiltrop
Gerthe
Bövinghausen
Mar

Zahlen · Daten · Fakten

Castrop-Rauxel

besteht seit der kommunalen Neugliederung im Jahr 1974 aus 14 Stadtteilen:
- Bladenhorst
- Behringhausen
- Castrop
- Deininghausen
- Dingen
- Frohlinde
- Habinghorst
- Henrichenburg
- Ickern
- Merklinde
- Obercastrop
- Pöppinghausen
- Rauxel
- Schwerin

Bevölkerung

In Castrop-Rauxel leben 82 000 Menschen, davon sind 6300 Ausländer.

Stadtgebiet

Die Gesamtfläche beträgt 51,55 Quadratkilometer, davon sind über 60 Prozent Wald- und Grünflächen. Von Nord nach Süd beträgt die größte Ausdehnung 11,8 Kilometer und von West nach Ost 9,3 Kilometer. Höchster Punkt ist die Bergehalde Schwerin (151 Meter über NN). Das höchste Bauwerk ist der VEBA-Kraftwerk-Kamin (230 Meter).

Städtepartnerschaften

Castrop-Rauxel pflegt den Kontakt zu sechs Partnerstädten: Wakefield (Großbritannien) seit 1949, Delft (Niederlande) seit 1950, Vincennes (Frankreich) seit 1961, Kuopio (Finnland) seit 1965, Zehdenick (Brandenburg) seit 1990 und Nowa Ruda (Polen) seit 1991.

Informationen

Stadt Castrop-Rauxel
Presse- und Informationsamt
Europaplatz 1
44575 Castrop-Rauxel
Tel. 0 23 05/1 06-1
Fax 0 23 05/1 06-22 66

Die Partnerstädte

NOWA RUDA

Die Havelstadt
Zehdenick

CASTROP-
RAUXEL

Die Autoren

Klaus Michael Lehmann
1937 in Stettin geboren, arbeitete nach einer Fotografenlehre bei Günther Karkoska zunächst als Industriefotograf in der Eisen- und Stahlindustrie. Seit 1969 lebt er als selbständiger Fotograf in Castrop-Rauxel. Mit seinen Bildern möchte er erzählen und informieren. Sein Spezialgebiet ist die Industrie- und Landschaftsfotografie. Auf vielfältige Weise hat er sich intensiv mit der Stadtgeschichte beschäftigt; er ist Herausgeber der Heimatzeitschrift „Kultur und Heimat", hat als Begründer einer Initiativgruppe zum Erhalt des Zechenförderturms der Zeche Erin beigetragen und verfügt über ein umfassendes historisches Bildarchiv zur Stadtgeschichte, das er mit eigenen Fotos ständig erweitert.

Stefan Braun
1968 in Essen geboren, ist gelernter Fotograf. Er lebt und arbeitet in Castrop-Rauxel. Seine Arbeitsschwerpunkte sind die Industriefotografie, Reportage, Mode und Theater. Ausstellungsbeteiligungen und zahlreiche Veröffentlichungen.

Elke Eßmann
1962 in Simmerath in der Eifel geboren, studierte in Münster Germanistik, Geschichte und Anglistik und war anschließend mehrere Jahre als Bildredakteurin und Lektorin in Sachbuchverlagen tätig. Heute arbeitet sie als freie Journalistin und Lektorin in Dortmund.

Danksagung

Die Autorin bedankt sich bei allen Castrop-Rauxelern, die ihr mit Rat und Wissen weitergeholfen haben. Ein besonderer Dank gilt den Redakteuren und freien Mitarbeitern der Ruhr Nachrichten in Castrop-Rauxel.

Bildnachweis

Volker Beushausen, Castrop-Rauxel, S. 49
Kommunalverband Ruhrgebiet, Essen, Karte S. 78
Alle historischen Fotos stammen aus dem Bildarchiv von Klaus Michael Lehmann.